Christian Buck · Hermut K. Geipel

ESEL, OCHS UND KRIPPERLNARR

ESEL, OCHS UND KRIPPERLNARR

Text von Christian Buck

Illustrationen von Hermut K. Geipel

Verlagsanstalt »Bayerland« Dachau

Das Foto auf Seite 5 stammt
von Winfried E. Rabanus, München

Verlag und Gesamtherstellung:
Druckerei und Verlagsanstalt
»Bayerland« GmbH
85221 Dachau, Konrad-Adenauer-Straße 19

Printed in Germany · ISBN 3-89251-179-9

Staatsschauspieler Gustl Bayrhammer in memoriam gewidmet

Am Dreikönigstag 1989 strahlte der Bayerische Rundfunk »Die Geschichte des Esels, der im Stall zu Bethlehem war« aus. Gustl Bayrhammer las die Erzählung so einfühlsam, wie es seine Art war, wenn er ganz und gar in einem Text aufging. In wiederholten Gesprächen mit dem Autor suchte er Wege zu einer Buchveröffentlichung zusammen mit einem von ihm besprochenen Tonband. Der Maler und Graphiker Hermut K. Geipel, sowohl mit Gustl Bayrhammer als auch mit Christian Buck befreundet, brachte Skizzen zur Illustration in die Vorbesprechung ein. Ein jäher Tod riß den beliebten Sprecher und Schauspieler aus seinem Leben und Wirken. Autor und Illustrator der Weihnachtsgeschichte des Esels standen zunächst wie verwaist da, bis sich die Verlagsanstalt »Bayerland« Dachau mit Rat und Tat der Erzählung annahm. Zur Veröffentlichung baute sie diese mit anderen weihnachtlichen Geschichten Christian Bucks und den Illustrationen Hermut K. Geipels zu einer bibliophilen Weihnachtsausgabe aus. Möge sie – Gustl Bayrhammer gewidmet – alle, gleich welchen Alters, erfreuen, die sich das Weihnachtsgeschehen immer wieder neu erzählen lassen wollen.

Inhaltsverzeichnis

Die Geschichte von dem Esel, der im Stall zu Bethlehem war

Esel in früheren Zeiten

 Zuerst einmal muß ich sagen:
Damals lebten viele, sehr viele
Esel! Es gab ja noch kein Auto und
kein Fahrrad. Wer nicht zu Fuß
gehen wollte, mußte reiten: auf
einem Kamel, wenn es durch
die Wüste ging, auf einem Pferd,
wenn es schnell gehen sollte.
Aber Kamele und Pferde waren
viel teurer als heute Autos sind!
Esel aber waren billig; sie waren
außerdem mit jedem, auch mit
dem dürftigsten Futter zufrieden.
Reiter konnten sie ebenso tragen
wie zentnerschwere Lasten; und
darum hielten sich die meisten
Leute einen Esel.

Das kleine Eselkind

 Schon als er noch ein ganz kleines Eselkind war, so klein, daß er weder Gras noch Heu fressen konnte und darum die Eselsmilch aus dem Euter seiner Mutter zuzelte, war zu spüren, daß er kein gewöhnlicher Esel werden sollte. Er sah zwar geradeso aus wie andere Esel auch: grau im Fell, auf dem Kopf standen zwei lange, spitz auslaufende Ohren, und mit seinem Schweif hatte er bald gelernt, die Fliegen zu vertreiben. Wie gesagt, das war bei ihm nicht anders als bei sonstigen kleinen Eseln auch. Wenn ihn aber seine Mutter ableckte – so wie eine Menschenmutter ihr Kind auf den Schoß nimmt oder auf die Arme und ihm einen Kuß gibt, so liebkost eine Eselmutter ihr Junges, indem sie's mit der Zunge ableckt! Und das mögen die Eselkinder sehr gern! – immer, wenn ihn also seine Mutter ableckte, dachte sich das Junge in seinem Eselhirn: »Ich muß doch etwas Besonderes sein, sonst könnte mich meine Mutter gar nicht so lieb haben!« Und es hatte sicherlich recht, denn die Eselmutter spürte gleichzeitig: »So lieb wie mein Eselchen, so lieb könnte ich kein anderes auf der ganzen Welt haben!«

Die Eselmutter

Die Eselmutter mußte schwere Arbeiten verrichten.

Ganze Berge von Lasten lud ihr der Besitzer auf. Damit mußte sie sich oft vom frühen Morgen bis in die Abenddämmerung hinein abplagen. Sie wurde manchmal so müde, daß sie kaum noch einen Huf vor den andern setzen konnte. Das Eselchen durfte nebenhertraben.

Einmal, als die Mutter schwitzte, vor Anstrengung zitterte und immer wieder stolperte unter einer besonders schweren Last, fragte das Kleine, ob es sich auch einmal so plagen müßte, wenn es groß sei, und ob alle Esel auf der ganzen Welt so schwere Lasten über Berg und Tal schleppen müßten.

»Nicht alle«, antwortete die Mutter. »Manche haben's leichter. Die brauchen nur einen Reiter zu tragen, und wenn sie's ganz gut treffen sogar nur eine Reiterin, eine Frau, und das wäre ein besonderes Glück, weil Frauen nicht so schwer sind wie Männer. Ich habe«, sagte die Eselmutter weiter, »ich habe einmal eine Mutter mit einem Wickelkind auf mir reiten lassen dürfen; daran erinnere ich mich heute noch gern.«

»Wenn ich einmal groß bin, will ich auch eine Menschenmutter mit cinem Wickelkind auf mir reiten lassen!« sagte das Eselchen. Weil es aber gerade steil bergab ging, mußte seine Mutter auf den Weg achten und konnte nicht mehr weiterplaudern.

Der junge Esel

Langsam wuchs das Eselchen heran, begann Gras zu fressen und bald auch das harte Heu. Es säugte nicht mehr am Euter der Mutter, wurde größer und größer und geriet zu einem schönen, starken Esel.

Eines Tages musterte ihn der Besitzer und sprach: »Der Esel ist jetzt groß genug! Er kann alleine fressen und muß nicht mehr bei seiner Mutter bleiben. Seine Beine sind kräftig und seine Knochen stark. Ich will ihn auf den Viehmarkt bringen und verkaufen.« Und er nahm einen Strick, knüpfte daraus ein Halfter, das er dem jungen Esel um den Kopf legte, um ihn daran auf den Markt nach Nazareth zu führen.

Der störrische Esel

Der Esel hatte dazu aber nicht die geringste Lust.

Er stellte sich ganz bockig an, spreizte die vier Beine nach allen Seiten und stemmte die Hufe in die Erde. Er hatte nichts anderes im Sinn als: »Ich rühre mich keinen Schritt vom Fleck! Ich will nicht von meiner Mutter fort, nicht um alles in der Welt! Ich bin ein besonderer Esel, und zwar ein besonders störrischer Esel! Darum lasse ich mich nicht auf den Viehmarkt nach Nazareth bringen!« Und wie er mit seinen ausgespreizten Beinen so dastand, rief er ganz laut nach seiner Mutter: »I-aah! I-aah! I-aah!« – Als keine Antwort kam, wurde sein Geschrei fast ein bißchen weinerlich: »I-aah! I-aah! I-aah!«

Seine Mutter konnte ihn nicht hören. Sie war wieder mit einer großen, schweren Last über die Berge getrieben worden. »I-aah! I-aah!« So sehr der gehalfterte Esel seine großen Ohren auch in die Höhe stellte und lauschte – er konnte keine Antwort der Mutter hören.

»Ich bin ein besonderer Esel und habe meinen besonderen Trotzkopf!« setzte sich der Junge in den Sinn, legte die Ohren an – und das bedeutet bei den Eseln: »Komm' mir bloß niemand in die Nähe! Ich bin jetzt ganz böse!« Er legte also seine Ohren an und schrie zornig in die Welt: »I-a! I-a!« – Und weil im gleichen Augenblick sein Herr das Halfter losließ und weggehen wollte, um etwas zu holen – »der holt jetzt ganz gewiß einen Stecken, mit dem er mich antreiben will!« fuhr es dem Esel durch den Kopf – weil er also das von seinem Herrn dachte, darum schlug er blitzschnell mit einem Hinterbein aus, daß er seinem Besitzer die Kniescheibe zerschmettert hätte, wenn dieser nicht darauf gefaßt gewesen und zur Seite gesprungen wäre.

Jetzt zitterte der junge Esel vor Angst. Er fürchtete, sein Herr könnte ihn totschlagen.

Der Esel
und sein Herr

Der Herr ging jedoch wieder nach vorne, griff nach dem Halfter, klatschte begütigend des Tieres Hals und sagte ganz ruhig: »Du bist doch ein besonderer Esel, du! Aber du sollst kein besonders störrischer Esel sein, sondern ein besonders lieber!« Und als er das gesagt hatte, holte er einen Apfel aus der Tasche und hielt ihn dem Esel vors Maul. »Komm!« sprach er, »sei vernünftig! Störrisch kann jeder Esel sein; das wäre nichts Besonderes! Aber vernünftig? Vernünftige Esel gibt es nicht viele auf dieser Welt!« Der Apfel roch so gut, daß der Esel die Nüstern blähte. Dann ließ er nur noch ein Ohr angelegt und stellte das andere hoch; das bedeutet in der Eselsprache: »Jetzt bin ich aber neugierig!« Weil er aber ein kleines, ein ganz kleines Schrittchen machen mußte, um den Apfel aufnehmen zu können, vergaß er auf seine bockig eingespreizten Beine, fraß den Apfel aus der Hand, und als er auch noch zwischen den Ohren gekrault wurde, da war er so glücklich, der Esel, daß er sich sagte: »Ich bin doch wirklich ein besonderer Esel! Und zwar ein besonders glücklicher!«

Auf dem Viehmarkt
in Nazareth

So ließ sich das Tier willig nach
Nazareth führen, immer ein Ohr
angelegt und das andere in die
Höhe gestellt; denn er war nun
sehr neugierig geworden, was dort
auf ihn zukommen könnte!
Sie sollten sich nur nicht einbil-
den, mit ihm machen zu können,
was sie wollten!
Auf dem Viehmarkt schauten sich
viele Kaufwillige den schönen jungen Esel an. Aber der Esel schaute
sich auch die Kunden an! Er hatte
den festen Vorsatz: »Ich bin ein
besonderer Esel und lasse mich
nicht von jemand kaufen, der
mich für einen gewöhnlichen Esel
hält!«

Der Geizkragen

Zuerst kam ein spindeldürrer, geizig und finster blickender Griesgram auf ihn zu. Der riß dem jungen Esel, ehe sich's dieser versah, das Maul auf, weil er sehen wollte, ob er schöne, gesunde Zähne habe.

Zu einem solchen Überfall schüttelte das Tier unwillig den Kopf, legte beide Ohren bedrohlich nach hinten, und als auch das noch nichts half, schnappte es mit gefletschten Zähnen nach der Hand des erschreckten Geizkragens.

»Mistvieh, bissiges!« schimpfte der Spindeldürre und wandte sich verärgert ab.

Der Kraftprotz

 Danach kam ein großtuerischer Kraftprotz.
Der betrachtete den Esel eine Zeitlang aus seinen kleinen, hinterlistigen Augen von allen Seiten, boxte ihm auch seine derbe Faust in die Flanke, um zu spüren, ob er festes Fleisch habe, bückte sich dann unvermittelt und hob dem Esel ein Hinterbein auf, weil er prüfen wollte, ob das Tier gesunde Hufe habe.
Da aber zeigte der junge Esel, wer von beiden der Stärkere war: Mit Schwung befreite er sein Bein so plötzlich aus dem Griff des Mannes, daß der Kraftprotz mit dem Hosenboden auf dem Pflaster landete. »Mistvieh, bösartiges!« jammerte der Kleinäugige, rieb sich das Hinterteil und machte sich aus dem Staub.
So kam noch der eine und der andere Kauflustige. An jedem fand der Esel etwas auszusetzen; darum stand er immer noch da, als sich der Markt schon fast verlaufen hatte.

Der Zimmermann Josef

Als der Besitzer schon besorgt war, seinen Esel unverkauft nach Hause treiben zu müssen, da kam noch ein Zimmermann und sprach zu ihm: »Das ist ein besonders schöner Esel, den du da stehen hast. Mich wundert, daß ihn keiner genommen hat!«
»Ja«, erwiderte der Anbieter, »das ist so eine Sache! Eigentlich wollten ihn schon viele haben, weil er so wohlgewachsen und kräftig ist. Aber«, und er seufzte dabei, kratzte sich hinterm Ohr und erklärte: »er ist ein besonderer Esel! Wer ihn nicht richtig behandelt, den mag er nicht; und zudem ist er so störrisch, daß sich ganz und gar nicht mit ihm zurechtkommen läßt. Wer jedoch gut zu ihm ist, den mag er leiden; und so jemand, der richtig mit ihm umgehen könnte, fände keinen besseren Esel auf der ganzen Welt!«
Auch der Zimmermann Josef wollte den Esel nicht aufs Geratewohl kaufen. Darum streichelte er dem Tier die Backen, drückte mit den Fingern leicht in die Lefzenwinkel und flüsterte: »Mach einmal dein Maul schön auf und laß deine Zähne sehen!« Ganz willig öffnete der Esel sein Gebiß.

Daraufhin strich ihm der Josef mit der flachen Hand den Rücken entlang übers Fell bis zum Hinterbein und sagte: »Heb einmal schön hoch!« Fromm wie ein Lamm ließ der junge Esel geschehen, daß ihm ein Huf um den anderen geprüft wurde.
Käufer und Verkäufer waren sich bald über den Preis einig; und der junge Esel folgte dem Zimmermann Josef so willig, daß dieser nicht einmal das Halfter brauchte.

Esel des Zimmermanns

Wir sollten uns nicht vorstellen, der Esel hätte es bei seinem Zimmermann besonders leicht gehabt.

Die Arbeit brachte ihn tagtäglich zum Schwitzen: Da waren einmal schwere Holzstämme aus dem Wald zu schleppen, ein anderes Mal mußten behauene Balken zu einem Bauplatz getragen werden, oft über steile Berghänge hinweg. Immer wieder kam es dem jungen Esel in den Sinn, was einst seine Mutter erzählt hatte, als er neben ihr hergehüpft war: »Manche Esel haben's so gut, die brauchen nur einen Reiter zu tragen, und wenn sie's ganz gut treffen, sogar nur eine Frau.« Und die Mutter hatte einmal eine Frau mit einem Wickelkind tragen dürfen. Er spielte mit den Eselsohren, sooft er daran dachte.

Denkt jetzt nicht, er wäre unglücklich gewesen! Wenn Esel mit den Ohren spielen, sind sie immer guter Laune.

Der Zimmermann Josef hätte gerne erfahren, welch schöne Erinnerungen seinem Esel durch den Kopf gingen, obwohl er sich doch so plagen mußte. Um seinem Tier zu zeigen, wie zufrieden er mit ihm war, klopfte er ihm ab und zu mit der flachen Hand den Hals; hatte er etwas besonders gut gemacht, bekam er den Haarschopf zwischen den Ohren gekrault und gesagt: »Du bist mein besonders zuverlässiger Esel, du!« Und wenn der Esel anfing, vor Erschöpfung einmal den Kopf hängen zu lassen, hatte der Josef immer einen kleinen Apfel oder eine Brotkruste für ihn im Sack, mit dem er ihn aufmunterte.

So war der junge Esel mit seinem Dasein recht zufrieden. »Die Mutter mag schon recht gehabt haben, als sie von einer Frau als Reiterin schwärmte«, sinnierte er, »aber ich habe einen guten Herrn, und das ist auch viel wert. Alles kann halt ein Esel nicht haben!«

Der Luftsprung

Als sich der junge Esel schon in sein Zimmermannsdasein dreingefunden hatte, war eines Morgens zuerst eine große Unruhe in Nazareth, und kurz darauf kam sein Josef in höchster Aufregung in den Stall, schaute ihn mit sorgenvoll bedrückter Miene an, klopfte ihm mit der Hand beinahe zärtlich den Hals und sprach: »Mein Eselchen, wir müssen auf die Reise gehen! Und du, du sollst die Maria tragen, das ist meine Frau!«

Da machte der Esel einen Luftsprung mit allen vier Füßen zugleich, so daß sich der Josef sorgte: »Wenn du so übermütig bist, dann kann ich dir die Maria nicht anvertrauen! Sie wird nämlich bald ein Kind bekommen!«

»Sei ohne Sorge, Josef!« nahm sich der Esel vor, und seine Ohren spielten diese Gedanken ganz genau mit, »wenn die Maria auf mir reitet, werde ich schon keine Luftsprünge mehr machen! Aber ich habe gerade an meine Eselmutter denken müssen, wie sie mir erzählte, sie habe auch einmal eine Menschenmutter mit einem Kind tragen dürfen. Daran erinnert sie sich heute noch gern. Ich verspreche dir, Josef, meine Hufe so sorgfältig zwischen die Steine auf den Boden zu setzen, daß unsere Maria keinen Holperer spüren wird!«

Unsere Maria?

 Als der Esel »unsere Maria« dachte, zog ihn der Josef leicht an einem Ohr, weil er meinte: »Unsere Maria? So sollte ein Esel eigentlich nicht von meiner Frau reden!« Weil jedoch der Esel dazu ein Ohr hochstellte und das andere anlegte, gab der Josef nach und meinte: »Ist schon recht! Vielleicht gehört diese Maria wirklich nicht mir ganz allein! Zunächst ist einmal die Hauptsache, wir beide bringen die Maria gut nach Bethlehem hinüber. Es ist ein anstrengender Weg, sage ich dir!« »Anstrengender Weg?« fragte der Esel, »was willst du damit sagen? Anstrengender Weg! Ich bin ein besonderer Esel! Und wenn ich eine Frau trage, die bald ein Kind bekommt, dann ist mir kein Weg zu anstrengend und keiner zu weit! Wenn's auf mich ankommt, ich trage die Maria auch noch viel weiter! Bis nach Ägypten, wenn's sein muß, mein lieber Josef!« Dafür bekam er auf der Stelle eine Handvoll Hafer; denn »mein lieber Josef«, das hatte der Esel vorher noch nie mit seinen Ohren geredet.

Auf dem Weg nach Bethlehem

Der Weg nach Bethlehem führte bergauf und bergab. Er war schmal und steinig, und dazu war er auch noch lang; sehr lang! Auf weiten Strecken gab es kein Wasser, und der Esel litt argen Durst. Außerdem war es nicht so, daß er nur die Maria hätte tragen dürfen, die bald ein Kind bekommen sollte. Der Josef hatte ihm noch allerlei Gepäck aufladen müssen. Trotzdem klagte der Esel nicht und legte nicht ein einziges Mal die Ohren an, setzte ganz behutsam seine Hufe auf und wich jedem Steinchen aus. Die Maria klopfte ihm ab und zu den Hals und lobte ihn: »Auf so einem tüchtigen Esel bin ich in meinem Leben noch nicht gesessen! Mit dir könnte man bis nach Ägypten reiten, wenn's sein müßte!« Da wunderte sich der Esel, daß auch die Maria an Ägypten dachte.

Als sie endlich die kleine Stadt Bethlehem vor sich liegen sahen, dämmerte schon der Abend. Und weil der Esel so müde war, daß er den Kopf fast bis zur Erde hinunter hängen ließ, gab ihm der Josef seinen letzten Apfel. Aber der Esel nahm ihn nicht, sondern schüttelte den Kopf und wackelte mit dem einen Ohr. Das bedeutete: »Heb den Apfel für unsere Maria auf, Josef! Auch sie sitzt ganz erschöpft auf meinem Rükken; und wer weiß, was noch alles auf sie zukommt, heute nacht!« War das nicht wirklich ein besonderer Esel?

Im Stall von Bethlehem

Im Stall von Bethlehem rückte der Ochse zur Seite und machte dem Esel Platz. Er überließ ihm auch die Krippe, aus der Heu und Stroh dufteten. Der Esel aber – sonderbar: Er stand davor, schnupperte daran, blähte die Nüstern, und obwohl es wirklich verführerisch roch, war ihm doch nicht danach, daß er zu fressen anfing. Also ließ er Heu und Stroh in der Krippe unberührt, stellte seine müden Beine behaglich hin und schlief ein. Esel schlafen nämlich im Stehen, müßt ihr wissen!
Er schlief unheimlich tief. Von all dem, was in dem Stall zu Bethlehem in der Heiligen Nacht geschehen war, hatte er nichts, rein gar nichts mitgekriegt. Später konnte er sich nur daran erinnern, wie er im Traum neben seiner Eselmutter hergetrabt war, auf der eine Frau ritt, die ein Kind bekam; ein Menschenkind – nein: ein Gotteskind! Das Christkind!

Der Esel im Stall und das Kind

Als er aus diesem Traum erwachte, der Esel, konnte er sich gar nicht genug wundern; denn dieses Christkind lag vor ihm in der Krippe, sauber in Windeln gewickelt, auf dem Heu und dem Stroh, das er vorher nicht hatte fressen wollen!

Wie er das Kindlein so vor sich liegen sah, mußte er daran denken, wie ihn seine Eselmutter liebkost hatte, als er selber noch klein war. Und was meint ihr, was er jetzt getan hat?

Er hat herumgeäugt, in dem ganzen halbdunklen Stall, ob jemand zuschauen könnte, und als er sich davor sicher wähnte, legte er seine weichen Lippen auf den nackten Fuß des Jesuskindes, ließ ein kleines bißchen seine Zunge herausspitzen – und leckte das kleine Füßchen ab.

Ich weiß nicht, ob sich's der Esel nur einbildete oder ob es wirklich so war: Immer wenn er mit seinen Lippen ganz fein und zart die Fußsohlen des Kindes berührte, dann kam es ihm so vor, als würde das Christkind ein klein wenig lächeln!

Die glücklichen Tage in Bethlehem

Nie zuvor war der Esel so glücklich gewesen wie an diesen Tagen
in Bethlehem.
Untertags durfte er mit den Schafen weiden, ab und zu ritt der Josef
auf seinem Rücken in die Stadt
zum Einkaufen, und nachts stand
die Krippe so nahe an seinem
Kopf, daß er das Kind mit seinen
Lippen behutsam zum Lächeln
bringen konnte.
»Wenn es nur immer so bliebe!«
wünschte sich der Esel. »Mein
ganzes Leben lang sollte es so bleiben!«

Bis nach Ägypten

Das Glück zu Bethlehem dauerte nur ein paar Tage.

Eines frühen Morgens kam der Zimmermann Josef ganz verzweifelt zu seinem Esel, noch viel bedrückter als damals in Nazareth, steckte dem Tier das eigene Frühstücksbrot zwischen die Zähne und sprach mit leiser Stimme, als wenn es sonst niemand hören sollte: »Aus der Traum! Wir können nicht nach Nazareth zurück, müssen fliehen, in ein anderes Land!«

»Bis nach Ägypten!« fiel dem Esel sogleich ein. Augenblicklich legte er ein Ohr an und stellte das andere auf. Diese Frage verstand der Josef sogleich wieder; also nickte er: »Freilich! Freilich nehmen wir beide mit, die Mutter und das Kind.«

Dabei schaute der Josef allerdings so bekümmert aus, daß dem Esel zu keinem Freudensprung zumute war. Ja, als der Josef, immer noch verzagter dreinblickend, anfing den Esel zur weiten Reise zu rüsten, legte das Tier seinen Kopf an die Schulter des Mannes, rieb tröstend seine Backe an Josefs Arm, scharrte ein wenig mit dem Huf, und als dies alles nichts helfen wollte, faßte er mit seinen weichen Lippen nach der Hand des betrübten Herrn und leckte daran.

Da schaute ihn der Josef dankbar an, und, indem ein klein wenig Zuversicht wie ein wehmütiges Lächeln über sein Gesicht huschte, nickte er: »Dich wenn ich nicht hätte! Was finge ich an, ohne einen solchen Esel?«

Heim nach Nazareth

Etliche Jahre später starb der König Herodes, vor dem sie aus Bethlehem nach Ägypten geflohen waren.

Jetzt kam der Josef frohgelaunt in den Stall, gab dem Esel einen freundlichen Klaps, klatschte in die Hände und schnalzte mit der Zunge: »Freu dich, mein lieber, besonderer, treuer Esel! Wir ziehen wieder heim nach Nazareth!«

Und ehe der Esel noch mit den Ohren nachzufragen brauchte, setzte der Josef schon dazu: »Mit der Mutter und dem Kind!«

Den Freudensprung mit allen vier Beinen gleichzeitig hättet ihr sehen sollen!

Freilich war sie wieder anstrengend, die Reise. Ging sie doch durch die Wüste, in der es kein Wasser gab. Wer jedoch meint, unser Esel hätte auch nur einmal geklagt oder die Ohren angelegt, der kennt ihn immer noch nicht.

Als sie aber nach vielen Tagen müde und glücklich auf der Bergkuppe angelangt waren, von der aus im Tal unten das Städtchen Nazareth zu sehen ist, da jubelte der Esel hinaus, daß es von den anderen Bergen als Echo zurückschallte: »I-aah! I-aah! I-aah!«

Alltag, Erinnerungen und Träume

Es ist keine Frage, ob der Zimmermann Josef seinem Esel wieder schwere Arbeit auflastete. Was die Familie zum Leben brauchte, wollte schwer verdient sein. Gab es nunmehr keine schönen Stunden mehr im Dasein des Esels?

Gelegentlich erzählte Josef während der Rast auf einer Baustelle davon, wie er das Tier auf dem Markt gekauft, und daß es ihm Frau und Kind bis nach Ägypten getragen hatte. Da spitzte der Esel die Ohren, ließ sich weder ein Wort seines Herrn noch die Bewunderung der Zuhörer entgehen, nickte immer wieder einmal mit dem Kopf und war sich ganz gewiß: »Der Josef mag mich ebensogern wie ich ihn!«

Wenn sie abends nach getaner Arbeit heimwärts trotteten, Josef und sein Esel, und in die Gasse einbogen, in der sie daheim waren, dann wieherte der Esel sein lockendes I-aah! Daraufhin stürmte ihm ein kleiner Bub entgegen; das Christkind war ja mit den Jahren gewachsen, konnte laufen und sogar schon – wenn es vom Vater auf den Eselrücken gehoben wurde – reiten.

Saß das Jesuskind erst einmal auf seinem Rücken, fiel dem Esel alsbald und jedesmal wieder ein, was einst seine Mutter erzählt hatte, als er nebenhergetrottet war. Hätte sie das erleben dürfen, einmal so ein Kind tragen zu dürfen, wie glückselig hätte sie ihm davon erzählt!

Stand der Esel dann zu Nazareth in seinem Stall an der Krippe, kaute er bedächtig das duftende Heu und das Stroh, ließ er seine Ohren zusammen mit vielen Erinnerungen spielen, stellte endlich die müden Beine geruhsam zum Schlafen in die Streu und träumte; träumte davon, wie er im Stall zu Bethlehem gewesen war.

Der Weihnachtsochs

Ochs und Esel gehören in jede Weihnachtskrippe. Freilich wird man die beiden Tiere vergeblich in einem der vier Evangelien suchen. Sie kamen in die Bilder und Darstellungen von der Geburt des Heilands über eine Fassung des Matthäusevangeliums, die von den Theologen längst nicht mehr anerkannt ist. In diesem apokryphen Evangelium heißt es: »Am dritten Tag nach der Geburt verließ Maria die Höhle, zog in einen Stall und legte ihren Knaben in eine Krippe. Ochs und Esel beteten ihn an. So erfüllte sich, was durch den Propheten Jesaja verkündet ist: ›Der Ochse kennt seinen Gebieter und der Esel die Krippe seines Herrn.‹ Und es erfüllte sich auch, was der Prophet Habakuk weissagte: ›Zwischen zwei Tieren wirst du geborgen sein.‹«

Weder Maler noch Kripperlbauer ließen sich die Bilder dieser Sätze nehmen, wenn sie das Weihnachtsgeschehen darstellten. Warum sollte sich nicht auch ein Geschichtenerzähler um den Weihnachtsochsen annehmen?

Als Maria und Josef endlich eine
Herberge gefunden hatten,
da konnte ihnen der Wirt keinen
anderen Raum anbieten als den
Stall. Das war zu jener Zeit nicht
außergewöhnlich, daß Menschen
und Vieh unter einem Dach hau-
sten. Zumal im Winter rückte
alles um so näher zusammen, je
kälter die Nächte wurden.
Da stand also im Stall zu Bethlehem der Ochs, war müde von des
Tages Arbeit, und wenngleich er
hungrig gewesen sein mochte,
fraß er Heu und Stroh aus seiner
Krippe doch in jener langsamen
und bedächtig scheinenden Art,
wie sie den Rindern zu eigen ist.
Dazu glotzten seine großen run-
den Augen vor sich hin. Dieser
Blick verleitet uns Menschen
dazu, Ochsen für dumm zu halten.
So stand der Ochs also in seinem
Stall und fraß. Er hob kaum
den Kopf, als die Stalltür aufging.
Zusammen mit einem Schub
Nachtkälte brachte der Hausherr
zwei Leute herein; Maria und

Josef. Weil sie ihn in
Ruhe ließen, beküm-
merte sich der Ochs
weiter nicht. Er ver-
stand auch nicht, was

sein Herr den Nachtgästen versprach: »Der Ochs wird ihn warmhalten, den Stall!«

Er sah die Gestalten und hörte ihre Stimmen, fand keinen Anlaß, zu erfassen, was da vor sich ging, und fraß weiter, als wäre nichts gewesen. Die Stalltür schlug wieder zu. Maria und Josef bereiteten sich eine Liegestatt, und von der hereingekommenen Kälte war bald nichts mehr zu spüren.

Ruhe atmete durch den Stall. Der Ochs war satt, legte sich umständlich auf seine Streu und fing mit dem Wiederkäuen an. Niemand hätte sagen können, ob er dabei wachte oder schlief. Wärme ging von ihm aus; und mit der Wärme kam Geborgenheit.

Es hätte eine Nacht werden können wie irgendeine Nacht in jedwedem Stall.

In jener Nacht freilich, die wir die Heilige nennen, hielten Ruhe und Schlaf nicht lang an.

Maria kam in die Wehen und Josef war aufgestanden, fing zu kramen und zu hantieren an. Bald war da ein Hin und ein Her in dem Stall. Die Ruhe hatte sich zu dem Och-

sen auf seine Streu verkrochen;
der lag da und käute und ahnte
nicht, wie sehr da eine Frau der
von ihm ausgehenden Wärme
bedurfte, in jener Nacht.
Vor ihm stand die leere Krippe.

Eine laute Stimme war es dann,
die den Ochsen aus seinem wie-
derkäuenden Halbschlaf fahren
ließ. Er zuckte mit der Haut, als
wollte er abwehren, was ihn aus
der Ruhe gebracht hatte, stemmte
sich mühsam in die Höhe und
kam zu stehen. So laut rief eine
Stimme über dem Stall und so
unheimlich wurde ihm in der
Nacht, daß er an seiner Kette riß,
vor Furcht.
Aber dann nahm die Stimme
einen anderen Klang an, stimmte
Menschen und Tiere friedlich. Von
dem Ochsen wich die Furcht und
er hörte auf, die Nüstern zu blä-
hen und mit dem Schwanz seine
Flanken zu peitschen.

Auch diese Ruhe dauerte nicht
lang.
Hirten stießen die Tür auf, brachten erneut einen Schub Kälte mit
herein. Sie mochten noch so wiß-
begierig fragen und noch so vom
Wunder erfüllt von ihrem Erlebnis

erzählen, das draußen bei den Schafen über sie gekommen war – was ging das alles den Ochsen an? Wie sie sich niederknieten, um anzubeten, da käute der Ochs, und sein Maul ging hin und her und her und hin, immerzu; und seine Zähne malmten auch dann noch, als die Hirten längst ihr Amen gesagt hatten und beim Weggehen wieder einen Schub der Nachtkälte hereingelassen hatten, in den Stall.

Den Ochsen störte es nicht, daß jemand das neugeborene Kind in seine Krippe bettete; und wie sie's ganz nahe zu ihm rückten, damit es viel von seiner Wärme zu spüren bekam, da wandte er nur langsam den Kopf. Niemand hätte sagen können, ob er das Kind wahrnahm; das Kind, das geboren war in jener Nacht, die uns die Heilige ist.

 Das Kind schlief ein; schlief dem ersten Tag seines Lebens entgegen, eines Lebens, von dem wir heutigen Menschen so gern mehr an Tatsächlichem wüßten, als uns überliefert ist.

Eine der Überlieferungen ist der Weihnachtsochs im Stall von Bethlehem, von dem einer der Propheten sagte: »Der Ochse kennt seinen Gebieter«, und der andere: »Zwischen zwei Tieren wirst du geborgen sein.«

Geborgen sein, in der Wärme; das gehört zu Weihnachten wie der Ochs an die Krippe.

Kripperlnarr,
Nikolaus und Christkind

Der Kripperlnarr

Knochig und mager ist er gewesen, und sein krummer Buckel hat
ihn kleiner aussehen lassen als er
eigentlich war, der Hacklschuster.
Über der Brücke drüben, in der
Vorstadt, wo es schon ziemlich
ländlich herging, dort hatte er ein
kleines Anwesen mit ein bisserl
Landwirtschaft gehabt. In der
Hauptsache aber ist er Schuster
gewesen; ein Flickschuster.
Wenn ich als Bub ein Paar Stiefel
zum Richten hinbrachte, hockte
der Hackl in seiner Werkstatt. Am
Fenster hatte er seinen schweren
Schemel, davor stand der eiserne
Dreifuß, über den immer ein
Schuh gestülpt war. Alles, was er
zur Arbeit brauchte, lag in Reich-
weite um ihn herum. Nachdem
ich die Tür hinter mir zugemacht
hatte, drehte er sich langsam nach
mir um, schob sich die Nickel-
brille auf die Stirn und nickte mir
mit dem Kopf zu: »Ah, du! Bist aa
wieder amal da!«
Daraufhin nahm er zuerst einmal
die hölzerne Schnupftabakdose
vom Fensterbrett, klopfte sie zwischen seinen schweren Händen,
klappte den Deckel auf und
schaute hinein, wie wenn er über
das, was es da drinnen zu sehen
gab, angestrengt nachdenken

müßte. Nach einer ganzen Weile schaufelte er sich dann endlich eine gehörige Pris auf den breiten Daumennagel, betrachtete auch das braune Häuferl eine Zeitlang, bevor er's mit einem tiefen Schnauferer in seine schwarzen Nasenlöcher hinaufschnupfte. Erst nachdem er sich die hängengebliebenen Schmeibröserl aus dem Schnurrbart gewischt hatte, blinzelte er mir zu und fragte schelmisch: »Magst aa a Pris?« Auf mein Kopfschütteln hin ließ sich der Hackl die Stiefel von mir geben. Er schob die Brille wieder auf die Nase, schaute, wo es fehlte, schrieb mit Kreide unseren Familiennamen auf die Schuhsohlen und warf das Paar ins Eck zu den anderen, die zum Richten dalagen. Ohne sich weiter um mich zu kümmern, schneuzte er sich mit einem lauten Trompeterer in den blauen Schurz und arbeitete weiter.

Ich sah ihm meistens noch eine Zeitlang zu, wie er den Zwirn durchs Schusterpech zog oder mit dem krummen Schusterhammer und der Ahle Löcher in die Ledersohle vorklopfte für die Holztäcks. Wenn ich mich nach geraumer Zeit mit einem »Pfüa Gott, Herr Hackl!« verabschiedete, schaute er nicht von der Arbeit auf, sondern schob bloß seinen Buckel zurecht und sagte: »Pfüa di nacha! In ara Woch kannst as wieder holn!«

Wenn es auf Weihnachten zuging, war der Hackl nicht in seiner Werkstatt. »Da brauchst dem gar koane Schuah net hitragn, in derer Zeit!« wußten seine Kunden. Den Kanonenofen im Schusterzimmer heizte er gar nimmer an. Er war in die große Wohnstube umgezogen mit dem hohen Kachelofen, hatte das Ledersofa und die Kredenz, den Großvaterstuhl und sogar den Ausziehtisch und überhaupt alles, was in diesem Raum an Möbeln war, das hatte er alles zur Ofenwand hinübergeräumt. Vor der gegenüberliegenden Fensterwand hatte der Hacklschuster schwere Schragen aufgestellt und Bretter drübergelegt. So war ein hüfthohes Podest entstanden; darauf baute er sein Kripperl auf, die ganze Stubenwand entlang.
»Er ist halt ein Kripperlnarr«, haben die Leute gesagt, »da kannst nichts machen!«

Die einen bewunderten ihn: »An dem is a Künstler verlorn ganga!« Andere aber meinten geringschätzig: »Der taat aa gscheiter seiner Schusterarbat nachgeh, als wia wochenlang nix anders net im Kopf ham als wia bloß sei Kripperlbauerei!« Ja, es gab sogar solche, die meinten: »Des is doch koa Art und Weis net, für an Mo, dem wo's es Geld gwiß net beim Fenster neischneibt!«

Wenn ich in die Kripperlstube
gekommen bin, hat sich der Hackl
nicht einmal Zeit genommen für
eine Schnupftabakpris zum Grüß-
Gott-sagen. Vielmehr hat er mich
gleich eingespannt: »Ah, guat daß
d' da bist! Geh, magst ma net glei
amal den Wurzelstock herglanga,
den kloana ausbloachten, woaßt!
Glei neben dem Mooskörbel bei
der Kredenz muaß er liegn!«
Der ganze Stubenboden war voller
Wurzelholz und Mooskörb, voller
Kranawittzweig, Tuffbrocken und
Tropfsteinen, alte Holzschindeln
lehnten an den Stühlen und
Schachteln standen drauf. Es roch
hier nicht nach Schusterpech,
sondern nach Wald, Leim und
Mottenkugeln. Auf der Kredenz

64

standen die gewandeten Figuren: Maria und Josef, Hirten und die Heiligen Drei Könige mit ihrem ganzen Hofstaat; auf dem Tisch waren eine ganze Schafherde, aber auch Elefanten, Kamele, Rösser und allerhand Kleinviehzeug. Sie warteten geduldig, bis der Hackl Berg und Tal mit Moos bedeckt hatte, dahinter mit dem Sternenhimmel die Fenster verhängt und halt seine ganze Kripperlwelt erschaffen hatte wie damals der liebe Gott die Erde am vierten Schöpfungstag. »Da waren auch noch keine Viecher drin!« belehrte mich der Hackl.

Wie ich einmal gerade den König Balthasar bewunderte, da nahm sich der Krippenhackl die Zeit, daß er mir dessen Reitstiefel in die Hand gab, damit ich sie genau anschaute. Die hatte er, der Hacklschuster, selber gemacht, aus echtem Safianleder! Es war unvorstellbar, wenn ich mir die klobigen Finger anschaute, die hart und schwarzfleckig waren vor lauter Schusterpech, von dem mir meine Mama erklärt hatte, daß es nimmer wegzukriegen wäre, auch wenn sich der Hackl die Händ noch so oft waschen tät. Fast hätte ich gezweifelt, ob er sie wirklich selber gemacht hat, die Reitstieferl vom König Balthasar.

Aber wenn ich dann zuschaute, wie er mir nichts, dir nichts aus einem Stückerl Lindenholz ein Schafhaxerl geschnitzt und dem Hammel angeleimt hat, dem eins abgebrochen war; oder wie er dem Kamel, das sein Schwanzerl verloren hatte, aus Schusterzwirn ein neues gedreht und hingepappt hat, dann hab ich ihm auch die Safianstieferl für den König Balthasar zugetraut! Und mir ist eingefallen, was manche Leute sagten: »An dem is a Künstler verlorn ganga!«

Immer wieder ist dem Hackl etwas untergekommen, das kaputtgegangen war; am Stadeldach oder am Schafpferch, an dem kleinen Brückerl, das den Silberpapierbach überspannte, überall haben sich die groben Pechfinger zu helfen gewußt.

Die Hacklkrippe war voller Abwechslung vom Andreastag bis Lichtmeß. So gut wie jede Woche war ein anderes Ereignis dargestellt. Weil sich fast jedes an einem anderen Ort zutrug, mußte der Hackl immer wieder neue Landschaften aufführen, die zugehörigen Häuser und Figuren hinstellen. »Woaßt, a richtigs Kripperl is eigentlich nia fertig.« Angefangen hat es immer mit dem Bundplatz des Zimmermanns Josef. Der schaffte mit seinen Gesellen und Lehrbuben an einem Dachstuhl. Gleich daneben stand das Haus der Jungfrau Maria. Während er mit einem Pinsel die Figuren abstaubte, erzählte mir der Hackl: »Wie der heilige Josef mit seinem breiten Zimmermannsbeil noch einen Balken nach der Schnur haut, da spannt er nicht, was drüben vor sich geht! Da ist nämlich der Erzengel auf einmal vor der gebenedeiten Jungfrau gstanden zur Verkündigung: ›Gegrüßet seist du, Maria, voll der Gnaden, der Herr ist mit dir, du bist gebenedeit unter den Weibern…‹«

Der Hackl wußte die biblischen Geschichten viel ausführlicher zu erzählen als der Herr Pfarrer in der Religionsstunde.

Später, nachdem die Jungfrau Maria mutterseelenallein auf den abschüssigen Steigen übers Gebirg gegangen war, bewunderte ich besonders das schneeweiße Säulenhaus der Base Elisabeth. Dagegen war der Stall zu Bethlehem so elendig, daß ich sogar in der bacherlwarmen Hacklstube spürte, wie der Wind durch die Ritzen gepfiffen haben muß. »An Ochs wenn s' net ghabt hätten, nacha hätten sie vor Kälten gar net ausghalten!«

69

Von den Heiligen Drei Königen
war jeder einen Kopf größer als die
Roßknechte und Kameltreiber
aus dem zahlreichen Gefolge.
»Für dene eahnerne Brokatgwan-
der hab i eigens amal d' Stör-
schneiderin von Hofheim kömma
lassen; de hat a Gspür ghabt für so
was!«

Auf der Flucht nach Ägypten, in der Wüste drin, hat mir der Hackl erzählt, da sind die Löwen und die Tiger auf der Lauer gelegen, und sie hätten vor Hunger alles auffressen können, was dahergekommen ist. Aber da war der gottsmächtige Engel mit der Heiligen Familie, und der hat dem Raubzeug bloß mit dem Finger droht: »Gscht! Nix da! Schleichts enk!« Und schon hat das Löwenmandl den Schwanz einzogen und sich in seiner Höhle verschlupft! »Schaug'n nur o, wia a rausfaucht!«

Zu jeder einzelnen Figur hätte der Hackl eine Geschichte erzählen könnnen. Aber auf einmal hat er sich einen Ruck 'geben, in meine Fragerei hinein: »Laß's guat sei, Bua! Woaßt, i muß bei der Arbat an Kopf beinand ham, sonst kriagn mir zwoa nia a gscheits Kripperl hi!«

Draußen aber, im Hausgang, da hat die Hacklin nicht bloß einmal ihrem Unmut so laut Luft lassen, wenn sie Kunden vertrösten mußte, daß man jedes Wort hereingehört hat in die Kripperlstube: »Schaama muaß ma si glei! Bis in d' Haut nei muaß ma si schaama, mit so am kindischen Mannsbild, so am kindischen, des wo sei Arbat liegn und flacken laßt in der Werkstatt, und bloß no sei Kripperl kennt, von der Fruah bis auf d' Nacht! Wenn i Eahna sag: Mit knapper Müh und Not, daß er sich no Zeit nimmt zum Essen! Was moana S', was der scho Geld neigsteckt hat in sei Kripperlzeug! Bis ins Tirol is der scho hintre, bloß weil eahm de Kamel für de Heilign Drei König herent net guat gnua warn! Und auf Oberammergau muaß er heut no jeds Jahr nei, bloß zwengs a paar Schaf.

Als wia wenn ma net scho gnua ham taaten! A seelenguater Mo, as ganze Jahr, da kann ma nix anders net drüber sagn. Aber auf Weihnachten wenn's zugeht, dann kimmt er mir vor, als wia wenn er nimmer ganz richtig waar, in seim Hirnkastl drin. Der Kripperlnarr, der!«

Der Hackl hat getan, wie wenn ihn die Rede nichts anginge. Er hat getan, wie wenn er irgendwas nicht finden könnt, hat mich auch manchmal mit fast unmerklichem Kopfschütteln angeschaut, hat das eine Auge dabei zugedrückt und mit dem Pechdaumen zur Tür gedeutet, bevor er müde

abgewinkt hat. Erst wie es dann wieder still war, auf dem Gang draußen, hat er sich die Schmeidose vom Fensterbrett geholt, mit einem Seufzer seine Pris genommen und schweigend weitergekripperlt.
Aber er hat bloß so getan, wie wenn's ihn nichts anginge; die Arbeit ist ihm eine ganze Zeitlang nimmer richtig von der Hand gegangen.

Auf einmal, wie es im November schon wieder auf die Weihnachtszeit zugegangen ist, da hat es geheißen: Der Hacklschuster ist gestorben.
Ich bin auf den Friedhof hinaus, wo er im Leichenhaus ausgestellt war. Wie er so dringelegen ist, in den schneeweißen Kissen, zwischen den brennenden Kerzen, den Rosenkranz um die gefalteten Pechfinger gewickelt, da habe ich mir das nicht anders vorstellen können, als daß er jetzt dann, immer, wenn's im Himmel auf Weihnachten zugeht, daß er dann da droben mitmachen wird, wenn sie das himmlische Kripperl aufstellen.

Auf dem Heimweg ist mir auch die Hacklin eingefallen. Die, so habe ich mir in meinem kindlichen Bubenkopf ausgemalt, die – wenn sie einmal gestorben sein wird und in den Himmel gekommen ist –, wenn die dort sieht, was der Hacklschuster für eine Ehr aufhebt beim lieben Gott und allen Heiligen, die wird Augen machen! Da wird es ihr dann schon vergehen, daß sie »Kripperlnarr« sagt von ihrem Mann!

Advent
sagen die einen
und erinnern sich,
gelernt zu haben,
Adventus
hieße auf Deutsch Ankunft.

Staade Zeit
seufzen die andern
und bedauern,
nicht gegen den Strom
dieses hektischen Jahrzehnts
anschwimmen zu können.

Vorweihnachtsstreß
jammern die dritten,
bemitleiden sich selbst,
beneiden die andern
und sehen Ungerechtigkeiten
allüberall.

Fest der Familie
heißt es bei uns daheim,
und unsere Erwartungen
sind groß.
Die Arbeit aber
überlassen wir der Mama.

Ob es einen echten Nikolaus gibt?

Man mag heutzutage drüber streiten, ob zu kleinen Kindern der Nikolaus kommen soll oder nicht. Es gibt dazu tiefenpsychologische Erkenntnisse fundamentalster Unterschiede.

Man mag auch darüber streiten, wann die Vorweihnachtszeit beginnt. Für Verkaufsstrategen muß zu Allerheiligen alles gelaufen sein. Volkskundler halten am 25. November fest mit der nostalgischen Regel:
Kathrein stellt den Tanz ein!
Die staade Zeit, die Zeit fangt o, in der ma sich drauf bsinna ko . . .

Für die Kirchen gibt es kein langes Besinnen: Der Weihnachtsfestkreis beginnt mit dem 1. Adventssonntag.

Für uns Kinder jener Zeit, die heute von manchen »die gute alte« genannt wird, stand dem Zutritt in die Weihnachtsvorfreuden als unerbittlicher Türwächter der Nikolaus im Wege. Er war nicht nur furchterregend in seiner Erscheinung, er stand zudem noch auf vertraulichem Fuß mit dem Christkind. Als dessen Bote ließ einen der Nikolaus wissen, daß er im Himmel eingehenden Bericht von uns erstatten werde über die Eindrücke, die er bei seinen Hausbesuchen sammle. Der Nikolaus entschied also letztendlich darüber, ob und was wir bei der Bescherung am Heiligen Abend zu erhoffen hatten.

Am Vorabend seines Namenstages, also am 5. Dezember, war er zu erwarten. In den Tagen vorher trugen wir Kinder bange Fragen mit uns herum: Kommt er? – Oder kommt er nicht? Er kam nicht zu allen Kindern. Für den Fall, daß er käme, stand eine weitere Frage offen: Ob er den Knecht Ruprecht dabeihaben wird? Den Krampus, wie er mit Schaudern genannt wurde. Vor allem aber gab es die schier unendlichen Fragen einer Gewissenserforschung: Was hatte ich alles angestellt? Und, daran anknüpfend: Was wußte er von meinen Lausbübereien? Wußte er wirklich alles? Oder bloß, was ihm Mama und Papa gesagt hatten? Und schließlich: Was war an Strafen zu erwarten?

Der Nikolaus selbst, in rotem Bischofsgewand und würdigem Heiligenhabit, mit schneeweißem Bart und goldenen Schuhen, sah eigentlich viel zu vornehm aus, als daß von ihm Schläge mit der Rute zu erwarten gewesen wären. Sein zerbrechlicher Krummstab eignete sich sowieso nicht zum Dreinschlagen. In sein kleines Leinensäckchen paßten keine bösen Buben hinein. Er konnte einem trotzdem ganz schön zusetzen!

Es war ja nicht so, daß Nikoläuse alter Ordnung promovierte Sozialpädagogen gewesen wären. Auch wir Kinder waren noch nicht mit jenen zarten, neurosenbewehrten Seelen begabt, die ein Professor Dr. Dr. Nikolaus von Angst und Verklemmung zu befreien gehabt hätte.

Wir lebten, alles in allem gesagt, in einer ziemlich derben Zeit!
Wir Kinder waren nicht verhaltensgestört, sondern Hundsbuben und Rotzdirndln, Lauser und Fratzen, Frechdachse und Krampfhennen, Schlamper und Schlamperinnen, denen der Nikolaus die Leviten lesen mußte, weil wir Daumen lutschten oder Fingernägel bissen, weil wir abends nicht rechtzeitig ins Bett gehen und in der Früh nicht aufstehen wollten, weil wir nicht aufs Wort gehorchten, wenn uns der Papa etwas anschaffte, oder maulten, wenn uns die Mama vom Spielen weg zum Einkaufen schickte, weil wir

mit anderen Buben rauften oder die Mädchen bei den Zöpfen packten, weil wir hinter der Nachbarin die Zunge rausbleckten, einen alten Hund tratzten, von dem uns ein sicherer Zaun trennte, weil wir die Frau Oberinspektor mit dem Familiennamen angeredet oder dem Onkel Schorsch eine freche Antwort gegeben hatten, weil wir uns den Hals nicht waschen und die Fingernägel nicht putzen wollten, weil wir auf dem Stiegengeländer heruntergerutscht oder verbotenerweis einander beim Bieseln zugeschaut hatten, weil wir beim Gebetläuten nicht gleich heimgegangen oder zu spät in die Schule gekommen sind, weil wir den Teller voll Spinat nicht leeressen oder den Lebertran nicht einnehmen wollten, weil wir den Rudi verklampert hatten und die Rosi bei Räuber und Schandi nicht mitspielen lassen wollten, weil wir mit dem Sonntagsgewand Fangermandl und Versteckerl gespielt und den Schnabel nicht gehalten haben, während Erwachsene miteinander redeten, weil wir . . ., weil wir . . ., weil wir . . . ohne Ende!

Wer hätte sich sein ganzes Sündenregister ins Gedächtnis zurückrufen können? Und wenn? Was hätte es vor dem Nikolaus viel geholfen? Der wußte vielleicht Sachen, die einem selbst im Traum nicht mehr eingefallen wären!

Irgendwann kam dann – scheinbar! – die Erlösung für mich. Der Loisl klärte mich auf. Machte mir überzeugend klar, daß es einen echten Nikolaus gar nicht geben kann, genausowenig wie einen Osterhasen, der Eier legt, oder einen Klapperstorch, der die kleinen Kinder bringt! Den Nikolaus, den »macht« jemand! Ein Freund vom Papa vielleicht oder ein Schwager von der Mama! Er ist doch selber draufgekommen, der Loisl, und hat nicht gesagt: »Grüß Gott, Herr Nikolaus!« sondern »Grüaß di, Onkel Max!« – »Dann hab' ich ihm den Bart runtergerissen, und aus war der ganze Zirkus!«

Ja, der Loisl! Ganz trauen durfte man ihm nicht. Er war, wie man so sagte, ein Luder aufs Kraut 'nauf. Oft hat er bloß Sprüch' gemacht, und nicht selten hatte er mich schon reingelegt.

»Glaubst as net, daß es keinen echten Nikolaus gibt? Brauchst bloß dei Mama fragn!«

Ich nahm mir also ein Herz und sagte zu meiner Mama, daß ich mich heuer gar nicht mehr vor dem Nikolaus fürchte, weil's ja doch keinen echten gibt. Ihre Antwort hatte zwar einen bitteren Beigeschmack: »Ja, wenn's so ist, dann richten wir uns halt drauf ein, daß keiner mehr kommt. Bloß wird dann das Sackerl mit Lebkuchen und Nüssen auch nicht mehr kommen!« Der Papa hat gemeint: »Auch recht! Dann kann ich an dem Abend ja zum Schafkopfen gehen!« Der Papa war immer mein Rückhalt gewesen, wenn der Nikolaus kam. »Der hat so viel Kraft, daß er mir schon helfen tät, wenn's ganz dick kommen sollte«, hatte ich mich getröstet.

Der Papa ging also zum Schafkopfen, die Mama stopfte Strümpfe, ich spielte mit dem Baukasten, als es urplötzlich so an die Haustür pumperte, daß ich den ganzen Baukastenturm zum Einsturz brachte vor lauter Erschrecken. Was blieb der Mama anderes übrig, als daß sie aufmachte? Ich bin von meinem Küchenhokker heruntergerutscht und hätte keinen Tropfen Blut mehr gegeben, wenn man mich angestochen

hätt', und schon stand vor mir ein Mordstrumm Nikolaus, blätterte mit seinen weißbehandschuhten Fingern in einem dicken Buch herum. Dahinter aber, kohlrabenschwarz wie ein Zottelbär, der grad aus dem Kohlenkeller rausgekrochen ist, stand der Krampus, aus dessen haarigem Gesicht blitzten zwei gefährliche Augen. Eine lange Rute in der Faust, einen rupfenen Sack über die Schulter gehängt, in dem zwei so Buben Platz gehabt hätten, wie ich einer war. So ist der Krampus halb hinterm Nikolaus gestanden, in einer geduckten Haltung wie zum Sprung bereit, und sogar die Zähne bleckte er, wie wenn es ihm ein Leichtes wäre, mich zu fressen oder sonst zu vollbringen, was ihm der Nikolaus gebot. Hin und wieder hat sein Atem leicht geschnarcht, die Rute in seiner Pranke kam aus dem Zittern gar nimmer raus.

Und mein Papa war beim Schafkopfen!

Der Nikolaus stand kerzengerade da, den Bischofsstab an die Schulter gelehnt und ununterbrochen in dem Buch blätternd, wie wenn er die Seite nicht finden könnte, auf der meine Taten und Untaten

81

aufgezeichnet sein mußten. Wenn mich jemand gefragt hätte, wie lang dieses schweigende Gegenüber gedauert habe, ich hätte bloß sagen können: eine halbe Ewigkeit lang!

Endlich hat der Nikolaus wenigstens den Kopf mit der hohen Bischofsmütze zu mir gewendet. Ganz langsam und bedächtig, grad so, wie wenn er's selber nicht glauben könnte, was da über mich geschrieben stand. Leise und bedrückt kam es von seinen Lippen: »So, So! Du also bist der Bub, der behauptet, daß es gar keinen echten Nikolaus gäbe? So, so!« Und er betrachtete mich von Kopf bis Fuß. »So einen Buben hätte ich mir ja viel schlimmer vorgestellt! Du schaust ja aus, wie wenn du ganz brav sein könntest!«

Weil sich aber der Krampus mit einem harten Rutenschlag auf den Boden in Erinnerung brachte, ließ der Nikolaus seine Stimme laut und rauh werden: »Glaubst du vielleicht auch nicht, daß es meinen Knecht Ruprecht gibt?« Die Rute sauste so durch die Luft, daß mir der Loisl zwar einfiel, aber auf seine Weisheiten gab ich in diesem Moment keinen Pfifferling: »Doch, Herr Nikolaus! Ich glaub

schon daran, und an den heiligen Nikolaus auch!«

Auf dieses Bekenntnis ging er nicht weiter ein. »Kannst du wenigstens das Vaterunser aufsagen?«

Mein Mund war so trocken, daß ich fast nicht reden konnte. Als mir der Krampus damit draufhalf, daß er den Sack vom Rücken nahm und die Schnur aufband, fing ich an, verhaspelte mich und nach »dein Wille geschehe« war der Faden gerissen. Wenn mir meine Mama nicht das Stichwort gegeben hätte »wie im . . .«, ich weiß nicht was der Krampus mit mir gemacht hätte. So aber bin ich trockenen Gaumens bis zum Amen gekommen.

Ja, und dann wußte der Nikolaus tatsächlich die Sache mit der Puppe von der Annelies aus dem Buch vorzulesen, die ich ihr drei Tage lang im Gartenhäusl versteckt hatte; und sogar das mit der Katze, der ich beim Milchholen immer etwas aus der Kanne in den Deckel geschüttet und sie ausschlappern lassen hab'.

Es war schlimm, wie der Knecht Ruprecht mit der Rute herumfuchtelte. Gerettet hat mich wahrscheinlich meine ehrliche Antwort auf die Frage, warum ich die Katze immer aus dem Deckel saufen ließe? »Weil mir die kleine rote Zunge so gefällt, wenn sie zuerst die Milch ausschleckt und dann noch übers Mäulchen fährt, während sie mich dankbar anschaut!«

Da hat sich auch der Nikolaus mit seiner roten Zunge zwischen dem weißen Bart über die Lippen fahren müssen. Das war dann auch für meine Mama die Gelegenheit, für mich ein gutes Wort einzulegen: »Er wird's ja nimmer tun, Herr Nikolaus! Sonst ist er doch wieder brav auch! Holt mir die Kohlen und die Kartoffeln aus dem Keller, hilft mir beim Geschirr abtrocknen, macht seine Hausaufgaben fleißig und folgt recht ordentlich ...« –

»Aber nicht immer!« Der Nikolaus ließ nicht locker, und der Knecht Ruprecht wurde immer fordernder mit seiner Rute.

Ich ahnte dumpf, daß mir das Schlimmste noch bevorstand; und schon war sie da, die peinliche Frage: »Und wie ist es jetzt mit dem Nikolaus?« Er hob drohend den Finger und der Krampus bearbeitete mit der Rute den rupfenen Sack. »Wirst du noch einmal sagen, daß es keinen Nikolaus gibt?«

An mein gegebenes Wort will ich mich halten, lieber Leser! Ein gebranntes Kind scheut das Feuer; und was ich gelernt habe aus dieser Sache: man muß nicht alles sagen, was man zu wissen glaubt!

Um aber Ihre Neugierde zu stillen: Der Krampus hat mir nichts zuleide getan, und der Nikolaus versprach mir, dem Christkind nichts von meinen Untaten zu vermelden.

Damit stand die Tür zur Weihnachtszeit für mich offen!

Kalender-
geschichten

Stellt euch vor: In meiner Kindheit gab es noch keine Fernseher!

Wenn wir daheim den Abendbrottisch abgeräumt hatten, nahm die Mama den Adventskranz von der Anrichte, stellte ihn mitten auf den Küchentisch, entzündete die entsprechende Anzahl Kerzen und löschte das elektrische Licht. Sie löste ein Blatt von dem Abreißkalender mit den großen Blättern; auf deren Rückseite stand für jeden Tag eine vorweihnachtliche Geschichte; die bekam ich vorgelesen.

Die meisten dieser Geschichten handelten von Armut. Nicht von einer Armut in weitabgelegenen Ländern einer dritten Welt; die Armut hauste zu meiner Kindheit noch im eigenen Land; im Bayerischen Wald, auf der Rhön, im Erzgebirge. Auch im benachbarten Land Tirol.

Die Armut wohnte auch in meiner nächsten Nachbarschaft und ich begegnete ihr Tag für Tag. Sie war in dem windigen Verschlag daheim, in dem der Bierführer mit seiner kranken Frau und sieben oder acht Kindern untergekommen war. Sie schaute aus jedem Fenster des Armenhauses, hinter

denen ein halbes Dutzend Familien mit Kind und Kegel ein Unterkommen gefunden hatte.

Die Armenhäusler schickten ihre Kinder in der Nachbarschaft von Tür zu Tür zum Betteln. »Bittschön, ham S' a alts Brot für unsere Stallhasen?« sagten sie, weil sie nicht rundheraus zugeben wollten, daß es davon Tag um Tag Brotsuppe gab. Auch Bettelkinder hatten zu meiner Kindheit ihren Stolz!

Die Kalendergeschichten handelten von ähnlicher Armut, fanden aber durchwegs ein gutes Ende: Von irgendwoher kam den Leuten Hilfe, mit der die Not ein oft überraschendes Ende fand. Es war ähnlich wie in den vielen Märchen, die ebenfalls von der Armut erzählten. Nur bei dem Mädchen mit den Schwefelhölzern war es schlimmer: Da erbarmte sich bloß noch der Tod.

Meine Eltern waren nicht arm. Ich dankte im Abendgebet dem lieben Gott dafür, daß wir daheim alles hatten, was wir brauchten: eine pudelwarm beheizte Wohnküche, eine heiße Wärmflasche fürs Bett im eiszipfelkalten Schlafzimmer, jeden Tag genug zu essen, so daß

niemand hungrig vom Tisch aufstehen mußte – unser täglich Brot, wie es im Vaterunser hieß. Meine Stieferl hatten zwar vom Schuster einen Lederfleck draufbekommen, das Hoserl hatte die Störnäherin aus einem gewendeten Rock der Mama genäht, der Pullover war an den Ellenbogen gestopft, und für das zu klein gewordene Manterl durfte ich vom Christkind ein neues erwarten; wenn ich aber den Armenhauskindern etwas vorgejammert hätte, ich wäre ausgelacht worden!

Das wollte ich ihnen ohnehin nicht erzählen, daß es zu den abendlichen Kalendergeschichten immer eine Überraschung gab: etliche Nüsse, einen Apfel, zwei oder drei Feigen, eine Mandarine; je nachdem. Man »protzte« sich nicht mit dem, was man hatte!

Solche Köstlichkeiten waren ja keineswegs selbstverständlich! Auch in Familien wie der unseren, die wir »unser Auskommen« hatten, standen Leckerbissen wie Nüsse oder Orangen nicht zur freien Verfügung. Selbst bei den Reichen war es nicht üblich, daß sich Kinder nach Lust und Laune nahmen, wonach

ihnen gerade der Sinn stand.

Es gab Kalendergeschichten, die auch davon erzählten, wie Kinder hart bestraft wurden, wenn sie heimlich naschten und sich etwas nahmen, ohne darum gebeten zu haben.

Die Armut begleitete mich auch in die Schule. Wir waren um die 70 Kinder in einem Klassenzimmer. Die meisten hatten ein trockenes Stück Pausebrot dabei, etliche gar nichts. Deren Mama war das Geld ausgegangen; die Bäckerin wollte oder konnte nicht immerzu borgen.

Da konnte ich handeln wie die guten Leute in den Kalendergeschichten und mein Marmeladbrot teilen! Als es meine Mama merkte, gab sie mir die doppelte Portion mit. Allerdings: Der Herr Lehrer durfte es nicht sehen! Betteln war in der Schule streng verboten! Und gestohlen? Ich kann mich nicht erinnern, daß auch nur einmal gestohlen worden wäre, unter den 70 Buben!

Einmal, ein paar Wochen vor Weihnachten, kamen drei feine Herren ins Schulzimmer. Sie ließen sich vom Herrn Lehrer die Allerärmsten zeigen, begutachteten deren Stieferl und Hosen, schrieben sich auf, wer keinen Mantel besaß und seit wann der Vater arbeitslos war. »Vielleicht kriegen sie zu Weihnachten was aus einer Sammlung«, wußte meine Mama. In den Kalendergeschichten war es vielleicht der Herr Landarzt, die Frau Baronin oder einfach ein reicher Bauer, die als rettende Nothelfer kamen.

Ob es das Christkind war, das reiche Leute zu den Armen schickte?

In meiner Kindheit, wie gesagt, gab es noch keine Fernseher. Manches, was in der Welt geschah, erfuhren wir nie. Wir erfuhren auch kaum von der Armut in fernen Ländern einer dritten Welt. Von der Not im eigenen Land erzählten uns nicht nur die Kalendergeschichten.

Indem wir tagtäglich Not und Armut begegneten, lernten wir, mit dem wenigen, das wir hatten, denen zu helfen, die noch weniger hatten. Dabei übten wir uns – in Zufriedenheit! Ich spüre in meiner Erinnerung heute noch die Zufriedenheit, die mich erfüllte, wenn wir abends am Küchentisch beim Adventskranz saßen und ein paar Nüsse aufknackten.

Zufriedenheit, auch das erzählten die Kalendergeschichten, gehört zu den schönsten Tugenden der Menschen.

Erzählen die Fernsehgeschichten auch davon?

Spielzeugeisenbahn

Es gab mancherlei Schaufenster in der kleinen Stadt, die bei uns Weihnachtswünsche weckten. Auch Puppenwagen und Mamapuppen werden ausgestellt gewesen sein; sie interessierten keinen Buben. Uns zog geradezu magisch die große Märklin-Auslage des einzigen Spielzeugladens am Hauptplatz an; nicht wegen der Hängebrücken, der Windmühle und dem Schiffskran, die dort, aus Metallbaukastenteilen zusammengeschraubt, ausgestellt waren. Was es uns angetan hatte, das war die elektrische Eisenbahn.

Eisenbahnen galten zu jener Zeit noch als Spitze der technischen Entwicklung. Lokomotivführer! Das war der Traumberuf vieler Buben. Spielzeugeisenbahnen aller Sorten und Größen standen ganz oben auf den Wunschzetteln der Schulbuben.

Eine elektrische Eisenbahn freilich, die lag bei den meisten jenseits aller erfüllbaren Wunschvorstellungen. Eine Elektrische!

Ich hatte auch eine Spielzeugeisenbahn. In die Dampflokomotive war ein Uhrwerk eingebaut. Durch einen Steckschlüssel aufgezogen, konnte sie meine zwei Personenwagen und die drei Güterwaggons über das Gleisoval scheppern lassen, bis der Zug – des abgelaufenen Uhrwerks wegen – langsamer und langsamer wurde und schließlich auf freier Strecke stehen blieb.

An schulfreien Nachmittagen durfte ich die Spielzeugkiste hernehmen und meine Gleise auf dem Küchenboden aufbauen.

Auch dann, als das Lokomotiven-Uhrwerk seinen Geist aufgegeben hatte, blieb ich meiner Eisenbahn treu. Ich kniete in der Mitte des Gleisovals auf dem Fleckerltep-pich, schob die Lok per Hand und ahmte mit tsch-tsch-tsch-tsch-tsch, mit Pfiffen, Bremsengequietsche und Pufferstößen die Betriebsgeräusche so lautgetreu nach, wie das auch das beste Uhrwerk nicht fertiggebracht hatte.

Im Dampflokkamin steckte ein Wattebausch als Qualm, im Tender waren Kohlen aus der Küchenherdkiste und im Viehwagen standen Ochs und Esel aus dem Kripperl. Ich rief als Zugführer die Stationen aus, forderte zum Umsteigen auf, bot als Zeitungshändler meine Illustrierten an,

verkaufte Jopa-Eis am Steckerl oder als Würstlwagenschieber »Heiße Wiener – Schinkenbrot!« – bis ich als Fahrdienstleiter mit lautem »Einsteigen bitte und Türen schließen!« dem Bahnsteigtreiben ein Ende setzte, den aus grünen Bierfilzeln gebastelten Signalstab hob, mit einem Kaffeelöffel im Zahnputzglas abläutete, einen mahnenden Lokomotivenpfiff von mir gab, und – zuerst langsam und gequält, dann aber immer rascher und befreiter mit tsch – – – tsch – – tsch – tsch-tsch – huuu! tschttsch – tschschschsch – meinen Zug in Bewegung und auf Touren brachte.

Die elektrische Spielzeugeisenbahn im Schaufenster am Hauptplatz funktionierte anders. Wie von Geisterhand bewegt glitt sie unhörbar und unbeirrbar auf den glatten Schienen dahin, schwenkte über Weichen hinweg auf ein anderes Gleis, verschwand hinter einem Berg und tauchte wieder auf, immerzu und ohne daß eine Menschenhand eingriff. Zu später Nachmittagsstunde, wenn es vom Kirchturm fünf Uhr schlug, wurde sie eingeschaltet und drehte dann zwei Stunden

lang, bis zum Ladenschluß um sieben, Runde um Runde, von einer Hälse reckenden Bubenschar verfolgt. Unsere Köpfe kreisten wie hypnotisiert im gleichen Tempo wie der elegante, blitzende Märklinzug.
Eintönig?
Keineswegs! Denn da waren die Pleuelstangen an den Rädern ununterbrochen geschäftig in Bewegung, ein Tunnel – Tunell hieß es in unserer Kinderzeit – ein Tunnel verschluckte die Lokomotive, die dann allerdings schon wieder auftauchte, ehe der letzte Wagen ganz darin verschwunden

war. Am Bahnhofsgebäude leuchtete ein Laternenlicht auf, Bahnschranken schlossen sich von selbst, sooft sie der Zug passierte. Die winzigen Räder überglitten eine Brücke, um gleich darauf hinter einem Gebirge zu verschwinden, und der letzte Wagen hatte ein rotes Schlußlicht.
Es gab unendlich viel zu entdecken, wonach wir zuerst die Hälse recken mußten, solang wir in den hinteren Reihen des Bubenrudels standen. Langsam, mit viel Ungeduld, Schritterl um Schritterl, mit Schultern und Ellbogen schiebend – »Druck doch net so!« –

mußten wir uns nach vorne arbeiten. So richtig genießen konnten wir die Wunderdinge erst dann, wenn wir die Nasen an die große Schaufensterscheibe pressen konnten. Sie waren in der Winterkälte nicht immer ganz trocken, unsere Bubennasen, und hinterließen deutliche Spuren unserer Neugierde.

Nach etlicher Zeit mußten wir mit den Füßen trippeln, weil uns an den Zehen fror. Die Schläge der Kirchturmuhr mahnten zum Heimgehen.

Wäre mir auf dem Heimweg das Christkind begegnet und hätte mich nach meinem Weihnachtswunsch gefragt, meine ganze anerzogene Bescheidenheit wäre dahingewesen! »Die elektrische Eisenbahn vom Hauptplatzschaufenster!« hätte ich gestammelt. War aber daheim erst wieder einmal meine handgeschobene Dampflokeisenbahn aufgebaut, fand ich als Lokomotiv- und Zugführer, als Fahrdienstleiter, Gepäckträger, Zeitungshändler, Würstlverkäufer und Geräuschimitator gar keine Zeit mehr, meine Gedanken ans Hauptplatzschaufenster zu hängen.

Weil ich im Spiel alles sein konnte, mußte ich zum Spielen nicht alles haben.

Der Wunschzettel

Wenn wir den Besuch des Nikolaus hinter uns hatten, war es an der Zeit, an den Weihnachtswunschzettel zu denken. Woher hätte das Christkind sonst erfahren, was es uns bringen soll?

Bevor wir ans Schreiben gehen konnten, bedurfte es vielerlei Überlegungen.

Nicht etwa, daß es uns an Wünschen gemangelt hätte! Haufenweis wären sie uns eingefallen! Es gab aber zunächst einmal Sachen, die lagen weit entrückt im Reich der Träume; eine Puppenküche mit wirklich heizbarem Herd beispielsweise für die Mädchen oder eine elektrische Eisenbahn bei Buben. Wo soll denn das Christkindl das viele Geld hernehmen? Ja, bei den Apothekerkindern war das etwas anderes! Da brachte auch nicht die ganze Eisenbahn das Christkind! Da mußte der Apothekenpapa schon ganz schön draufzahlen!

So war das! Nicht etwa, daß wir auf die Idee kämen, das Christkind tät den Reichen mehr zukommen lassen als den Armen! Aber: Auch das Christkind hatte keinen Geldscheißer und unser Papa erst recht nicht!

Kurz und gut: Die großen Wunschträume schlugen wir uns besser aus dem Kopf. Also zogen wir die Mama zu Rate, ob zum Beispiel ein Märklin-Baukasten oder eine Mamapuppe oder ein Kinderwagen, Schlittschuhe, ein Rodelschlitten, Spielzeugauto oder Spielzeugroller oder Spielzeug . . . »Ja, hast du überhaupt nichts anderes im Kopf als bloß lauter Spielzeug? Da wird das Christkindl aber ein Freud' haben!«

Die Mama übte beim Wunschzettel eine Art Vorzensur aus: »Das, mein ich, kannst du dir von vornherein aus dem Kopf schlagen! Andere Kinder wollen ja schließlich auch was kriegen! Und außerdem: Wer gar zu unbescheiden ist, dem bringt das Christkind womöglich gar nichts!«

Ratlos wären wir gewesen, wenn lediglich abschlägige Mahnungen gekommen wären! Die guten Ratschläge folgten jedoch auf dem Fuß: »Denk doch einmal an deine Winterstieferl, die dir zu klein geworden sind! Beim Pullover sind die Ärmel durch! Einen Fäustling hast beim Schlittschuhlaufen verloren! Eine Pudelmütze mit einer Quaste dran und . . .« Spielsachen schon, aber nicht nur!

Wieviele Dinge darf man eigentlich auf den Wunschzettel schreiben? Ja nun, das wußte die Mama auch nicht so genau. Etliches darf es schon sein, sonst hat ja das Christkind keine Auswahlmöglichkeit. Aber zu viel – das wäre unbescheiden!

War es schon nicht ganz einfach, den Inhalt des Wunschzettels richtig abzustimmen, so wurde das Schreiben zu einer Art Prüfung. Wie schreibt man Schlittschuhe und heißt es Dettybär oder Teddybär? Im Wunschzettel durfte kein Fehler sein! Was hätte denn da das Christkind von uns denken müssen? Und mit der Schönschrift war es strenger als der Herr Lehrer! Es stellte ganz schöne Anforderungen an uns und unsere Wunschzettel!

Nachdem schon fünf Bogen Briefpapier verschrieben waren – einmal Mahlkasten mit h, dann Väustlinge mit Vogel-Vau und beim nächsten Mal Fäustinge und was einem halt sonst alles so passiert, wenn's um die Wurst geht – nachdem also fünf Bogen verschrieben waren, wurde es aufregend: Die Mama hatte bloß noch ein Blatt in der Schreibmappe! »Nimm halt dein bißl Hirn zusammen!«

Ein ausgewachsener Wunschzet-
telstreß, würde man heute sagen;
damals war das Wort Streß zum
Glück noch nicht erfunden.
Den fertigen Wunschzettel durfte
ich abends, mit einem gläsernen
Briefbeschwerer davor bewahrt,
daß ihn der Wind verweht hätte,
auf das breite Fensterbrett legen.
Welch hoffnungsvoll glückliches
Gefühl kam am anderen Morgen
über mich, als an seiner Stelle ein
goldener Papierstern lag!

Als ich noch an das Christkind glaubte

Lacht nur, ihr postmodernen Jungen, die ihr schon aufgeklärt in die Kindergärten eingeschrieben worden und abgeklärt daraus hervorgegangen seid! Ich weiß: Euch kann niemand ein X für ein U vormachen; und ich schätze und ehre diese eure Einbildung.

Lest diese Geschichten meinetwegen wie einen Bericht aus der Steinzeit! Lacht darüber, wenn es euch danach zumute sein sollte, lacht meinetwegen auch über den, der sie aufgeschrieben hat!

Denkt euch von mir, was ihr wollt! Aber das eine sollt ihr wissen: Ich könnte dutzendweis Augenzeugen beibringen, die mir ohne langes Besinnen bestätigen: Zu unserer Kindheit ist das Christkind während der Vorweihnachtszeit leibhaftig vom Himmel auf die Welt heruntergekommen, und zwar nicht irgendwohin, sondern direkt bei uns an den Fenstern vorbei! Es hat die von uns ausgelegten Wunschzettel mitgenommen und am 24. Dezember die Gaben ins Haus gebracht!

Nie und nimmer käme mir in den Sinn, dies alles einfach zu behaupten! So aber bin ich einer derjenigen, der seine persönlichen Erlebnisse mit dem Christkind hatte! Und weil die Zahl der also Begnadeten immer kleiner wird, will ich hier meine Christkindgeschichten erzählen.

Familienkripperl

Der Urgroßvater
ist seiner Lebtag in der Werkstatt
gestanden, von der Lehrzeit bis er
drin umgefallen ist. Sein Arbeits-
tag hat in aller Herrgottsfrüh angefangen und hat gedauert, bis in die
Nacht hinein. Bei ihm ist die
Arbeitszeit noch nicht nach Stunden gezählt worden. Urlaub?
Dazu hat er bloß den Kopf schüt-
teln können. Aber an den Sonn-
und Feiertagen, da hat er
geschnitzt; und unsere ältesten
Kripperlfiguren, die stammen von
ihm. Er hat sie auch selber ange-
malt. »Mei«, hat die Großmutter
jedes Jahr erzählt, »der hätt doch
nicht das Geld dazu gehabt, daß er
's für sowas ausgeben hätt können!«

Der Großvater
hat das handwerkliche Geschick
geerbt und schon die geregelte 60-
Stunden-Woche gehabt;
zehn Stunden an jedem Werktag.
Da ist ihm Zeit genug blieben, daß
er nach Feierabend am Küchentisch gehockt ist und allerhand
Zeug für die Kinder und fürs Kripperl gebastelt hat. Seine Werkstatt
für den heiligen Josef haben wir
heut noch! Und das Geld für elektrische Beleuchtung mit ein paar

Taschenlampenbatterien hat er sich vom Biergeld abgespart.

Der Vater
war ein ausgesprochener Sammler. Seine 48-Stunden-Woche und die 14 Tage Urlaub im Jahr haben's ihm erlaubt, daß er sich nach Kripperlsachen umgeschaut hat im ganzen Gäu. Allein um Wurzelstöck und Moos ist er stundenlang im Wald herumgelaufen. »Für mei Kripperl is mir grad as allerbeste guat gnua!« war seine Red.

Ich,
mit meiner 37½-Stunden-Woche und den fünf Wochen Urlaub im Jahr, ich bin zwar ganz schön im Streß, und seit die Waldwege alle fürs Auto gesperrt sind, tut man sich auch mit dem Moos holen nicht mehr so leicht. Aber mein Kripperl bau ich jedes Jahr auf; schon wegen der Enkel.

Der Sohn
hat natürlich jetzt noch keine Zeit dafür. Er sagt immer: »In Rente wenn ich einmal bin, dann können wir auch übers Kripperl reden!«

Die Enkel?
Ich weiß nicht. Sie sind noch zu klein; was läßt sich da schon ganz und gar sagen?

Wie sah das Christkind in Wirklichkeit aus?

Unsere Erfahrungen, die wir Kinder bei flüchtigen Begegnungen mit dem Christkind gemacht hatten, tauschten wir selbstverständlich eifrig aus. Dabei konnten wir uns in vielen Dingen nicht einig werden.

Schon mit dem Aussehen war es so eine Sache. Die Rosi behauptete zum Beispiel steif und fest, das Christkind habe geflochtene Zöpfe mit einer blauen Schleife dran; und der Rudi war nicht davon abzubringen, daß es schwarze geschneckelte Haare habe! Das konnte mich zur Weißglut bringen, weil ich doch wußte, so gewiß, wie zwei mal zwei vier ist, daß es rötlichblonde Haare hatte, die mit einem Goldreif um die Stirn zusammengehalten waren. Es war vielleicht um eine Handbreit größer als ich, und wenn es gerade einmal nicht herumflog, dann saß es barfuß auf einem goldenen Schemel, der war so ähnlich wie unser Küchenschemel, bloß eben nicht aus Holz, sondern aus Gold. Das mit dem Schemel hatte ich nicht gesehen; das wußte ich so! Das weiße Kleid war mit einem silbernen Gürtel zusammengehalten. So saß es, die Ellbogen auf die Knie gestützt und

das rotbackige Gesichtchen in die Handfläche geschmiegt und schaute – nein! Das Christkind schaute nicht, es blickte! –, blickte also von seinem Schemel im Himmel herab auf uns liebe Kinder!

Ich konnte das, zum Beispiel auf dem Schulweg, so anschaulich erzählen, daß mir 's die meisten Kinder glaubten.

Und wenn ich damals, als ich von den Hausaufgaben auf – und zum Fenster schaute, wenn ich damals einen Augenblick mehr Zeit gehabt und mich genauer hinschauen getraut hätte, dann hätte ich der Annelies sagen können: »Ätsch!« hätte ich sagen können, »Älabätsch! Das Christkind hat eben nicht das ganze Gesicht voller Sommersprossen! Das sagst du bloß immer, weil du s' selber hast! Ich hab' doch sein Gesicht mit eigenen Augen gesehen!« hätte ich sagen können.

Aber so? So war ich mir einfach nicht mehr ganz sicher. Und wovon kam's? Weil ich so brav war und gleich wieder meinen Kopf in die Hausaufgaben steckte!

Es ging mir ja mit manchen Sachen so, daß ich als kleiner Bub einfach deswegen zu schnell weg-

schaute, weil ich so brav war. Aber das ist ein anderes Kapitel.

Mir geht's in dieser Geschichte ja nicht um die Vor- und Nachteile des Bravseins. Mir geht es nur darum, daß uns Älteren endlich einmal geglaubt wird: In unserer Kindheit hat es ein Christkind gegeben, das leibhaftig auf die Welt heruntergeflogen ist!

Wer's selber nicht zu sehen gekriegt hat, wird schon nicht brav genug gewesen sein! Und dann? Dann geschieht es denen grad recht!

Wie mir das Christkind beinahe nichts gebracht hätte

An keinem Tag des Jahres vergingen die Stunden so langsam wie am 24. Dezember. Die Zeiger krochen so mühsam wie alte Schnecken über das Zifferblatt. »Wenn der kleine Zeiger beim Sechser steht und der große beim Zwölfer, dann ist es soweit«, hatte meine Mama gesagt. Da war noch lang hin!

Ich saß auf meinem Hocker am Küchentisch und spielte mit dem Inhalt der Knopfschachtel. Die Mama war noch beim Einkaufen. Im Wohnzimmer nebenan half der Papa dem Christkind.

Allein konnte das Christkind unmöglich alles schaffen! Wenn man sich vorstellt: Überall, zu jeder Familie mit einigermaßen braven Kindern hatte es die Sachen zu bringen! Überall flog es bei den Wohnzimmerfenstern ein und aus, fand also beim besten Willen keine Zeit, auch noch Geschenke am Gabentisch aufzubauen oder jede Glaskugel einzeln an den Baum zu hängen. Unmöglich!

So unmöglich, wie ein Dutzend gleicher Knöpfe aus der Schachtel zusammenzubringen!

Auf meinen Papa konnte sich das Christkind verlassen. Der wußte mit jedem Werkzeug umzugehen und aus der nächstbesten einseitigen Bahndammfichte einen rundum gleichmäßigen Tannenbaum zu machen. Ja, wenn das Christkind lauter solche Helfer gehabt hätte wie meinen Papa!

Der kleine Uhrzeiger war noch nicht einmal beim Vierer. Ich suchte die schönsten Knöpfe heraus und ordnete jedem einen Knopfriesen als Helfer bei.

Mein Papa dachte an alles. Er hatte sogar das Schlüsselloch mit einem Wapperl verpappt, damit ich nicht in Versuchung kam, mit einem Auge hinüberzuluren. Es wäre zu meinem eigenen Schaden gewesen. Das Christkind wollte sich nämlich von kleinen Kindern nicht sehen lassen!

Ich suchte die kleinsten Knöpfe heraus und versteckte jeden unter einen großen.

Der Papa durfte das Christkind schon sehen. Ja, ich hörte manchmal herüber, wie er sogar mit ihm redete! Aber wenn ich auch die Ohren spitzte wie ein Luchs, nie konnte ich die Stimme des Christkinds erlauschen.

Der kleine Zeiger kroch jetzt ganz langsam auf den Vierer zu. Ich tat alle Knöpfe in die Schachtel zurück, schloß die Augen und griff mit meiner kleinen Bubenhand in die Fülle. Das war die Vorbereitung für ein Orakel. Wenn es mehr Knöpfe mit vier Löchern wären, dann bekäme ich den Kaufladen; wenn aber die mit zwei Löchern gewinnen, einen Roller mit Tretbrett. Mit einem von beiden rechnete ich ganz gewiß.

Der große Zeiger war jetzt auf dem Zwölfer, aber der kleine erst beim Vierer. Wenn es einmal passieren tät, daß die Zeit überhaupt nimmer weitergeht? Und das ausgerechnet am Heiligen Abend!

Die Stimme des Christkinds klang nicht durch die Tür. Nur aus dem, was mein Papa mit ihm redete, konnte ich entnehmen, daß es gerade etwas gebracht hatte. »Danke schön, Christkind! Ist schon recht, das mach ich gleich! Da wird er sich aber freuen!« –

Der Kaufladen?

Es sah so aus, als täten die zweilöchrigen Knöpfe gewinnen. Ganz knapp! Und wenn es unentschieden ausginge? »Macht nichts! Macht nichts! Macht nichts!« tickte die Uhr. Wenn es wenig-

stens einmal anfangen wollte zu
dämmern!

Das Christkind war jetzt schon
nicht mehr im Wohnzimmer
gewesen, seit ich mit der Hand in
die volle Schachtel gegriffen
hatte! Was der Papa wohl tat? Von
ihm war auch nichts mehr zu
hören! Nichts; gar nichts! Wie
wenn das Zimmer da drüben leer
wäre!

Ich brach das Knopforakel ab, weil
ich eigentlich doch lieber einen
Kaufladen gehabt hätte. Mit vielen Schubladen und einer Gewich-
terwaage. Und auf den Regalen
kleine Packerl Persil und Zichorie
und Zuckerhüte und . . .

Bumm! Da muß etwas umgefallen
sein! Und der Papa schimpfte wie
ein Rohrspatz! Beim Aufrumpeln
hatte ich die volle Knopfschachtel
vom Tisch gestoßen, und der Papa
hinter der Tür schimpfte,
schimpfte! Und was er alles sagte!
Wenn solche Wörter das Christkind hörte! Oder – wenn er gleich
gar das Christkind schimpfte?

Ihr habt keine Ahnung, wie mein
Papa schimpfen konnte! Da nahm
das Christkind Reißaus! Flutsch
und draußen war es beim Fenster!
Dann war alles vorbei! Kein Kaufladen und kein Roller! Es packte

98

die ganzen Siebensachen, die es schon gebracht hatte, zusammen und flog auf und davon! So was ließ sich doch das Christkind nicht gefallen, daß es geschimpft kriegte wie ich, wenn ich den Kakao über das Sonntagsanzügerl geschüttet hatte!

Die Knopfschachtel lag auf dem Boden und der Inhalt war überall hingekollert.

Jetzt, wenn jetzt kein Wapperl übers Schlüsselloch gepappt gewesen wäre, jetzt hätte ich mich nicht mehr halten können! Ich wäre mucksmäuschenstill von meinem Küchenhocker heruntergerutscht und zur Wohnzimmertür geschlichen!

Es war mein Glück, daß ich brav sitzen blieb wie angewurzelt. Die mit einem Ruck aufgehende Tür hätte mir eine Beule am Kopf geschlagen, daß ich Zeter und Mordio geschrieen hätte. Der Papa kam heraus, mit einer Kehrschaufel voller zerbrochener Christbaumkugeln in der Hand, und schimpfte noch immer, wenn auch bloß noch leise, vor sich hin.

»Was hast denn da angestellt?« fragte er mich, als er die vielen Knöpfe auf dem Boden liegen sah.

»Hast – hast du das Christkindl geschimpft?«

»Nein, das Christkindl hat gar nichts gemerkt. Es war grad nicht im Zimmer, wie mir der Baum umgefallen ist.«

»Mei! Gott sei Dank!«

Da kam auch die Mama heim. Auch sie war froh, daß es gut abgegangen war, im Bescherungszimmer. »Haben wir noch einmal Glück gehabt! Aber jetzt klaubst deine Knöpf zusammen, dann vergeht dir auch die Zeit schneller! Mach's Licht an, daß d' besser siehst!«

Es wurde tatsächlich schon dämmerig! Auch an diesem Nachmittag vor dem Heiligen Abend wurde es dunkel! Und der kleine Zeiger war schon näher beim Fünfer als beim Vierer! Ich legte mich bäuchlings auf den Küchenboden und sagte zu meinen Knöpfen: »Heimgehen! Alles rein ins Schachtelhaus! Die Nacht kommt, und das Christkind möchte keine Knöpfe herumliegen sehen!« Das sahen schließlich auch die ein, die unter den Küchenschrank gekullert waren.

Die Mutter deckte noch das Abendessen auf. Ich hatte zwar keinen Hunger, aber der Papa erzählte, wie das Christkind den Kopf geschüttelt hatte, als es den umgefallenen Baum sah; und wie es – man möchte es nicht glauben! –, wie es dem Papa sogar geholfen hat, ihn wieder aufzustellen! Bloß, neue Kugeln, hat es gesagt, neue Kugeln wird es nicht mehr bringen! Irgendeine Strafe mußte ja schließlich sein!

Herbergsuche

Nicht wissen wohin,
nicht woaus und woein
und nirgends ein Platz
zum Geborgensein.

Nicht wissen zu wem,
nicht wohin, nicht woher.
Die Häuser sind voll,
und die Herzen sind leer.

Herberge sucht bei mir nicht nur,
wer fremd vor meiner Türe steht,
sondern auch mancher, der jeden Tag
grüßend an mir vorübergeht.

Die Engel

überhäuften jene Hirten
auf dem Felde
nicht mit Geschenken.
Sie brachten ihnen
eine frohe Botschaft.

Was ist Weihnachten?

Der Stall und die Hirten zu Bethlehem,
eine geschmackvolle Dekoration,
der Ochse; ein Esel, der Maria trug,
und die Limousine für unseren Skiurlaub,
die Engelstimme: Fürchtet euch nicht!
stereo als Popsong: Stille Nacht!
Die Weisen aus dem Morgenland, wie sie
nach langem Suchen den Heiland fanden,
und im Fernsehen: Bräuche aus aller Welt,
die zu uns ins klimatisierte Zimmer kommen.

Maria und Josef
und du und ich:
das ist Weihnachten.

Es war sonst kein Raum in der Herberge,
Parkplatznöte, wohin man auch kommt;
Friedensbotschaften aus aller Welt
und der zunächst geheimgehaltene Plan
des Königs Herodes für den Kindermord;
der Stern, der den Weg wies zum Stall,
radargesteuerte Sonderflüge;
die Krippe mit Heu und mit Stroh
und für das Zimmer der Kids
eine flauschig-fetzige Wohnlandschaft.

Maria und Josef
und du und ich:
das ist Weihnachten.

Schafe in den Hürden auf der Weide
und der stehende Verkehr im Feiertagsstau;
Gold, Weihrauch und Myrrhen,
Adveniat und Brot für die Welt;
das dürftige Licht, bei dessen Geflacker
das Kind in Windeln gewickelt ward,
und die blendende Scheinwerferhelle,
die ein Fernseh-Kamera-Team braucht,
um aus der barocken Dorfkirche
live eine Christmette zu übertragen.

Maria und Josef
und du und ich:
das ist Weihnachten.

Die Verheißungen des Propheten Jesaja
und die Sonderangebote aus unserer Werbung;
ein Gebot, das vom Kaiser Augustus ausging,
Besteuerung der Weihnachtsgratifikation;
Gloria in Excelsis Deo auf einsamem Feld
und Gospelsongs in überfüllten Metten,
ein Stern, der aufging über Judäa,
und die Neonleuchten in jedweder Straße;
denn euch ist heute der Heiland geboren
in der ersten, der zweiten und der dritten Welt.

Maria und Josef
und du und ich
und – nicht zu vergessen:
das Kind in der Krippe! –
das ist Weihnachten.

Der König Herodes

Der König Herodes
hat nicht Weihnachten gefeiert.

Da war etwas,
das ihm keine Ruh ließ;
irgend etwas,
das ihm gefährlich werden konnte,
das ihn zu verdrängen drohte
aus Stellung und Amt,
aus Ansehen und aus der Achtung,
die er genoß.

Im Keim ersticken!
Gar nicht erst groß werden lassen!
sagte sich der König Herodes.

Frieden auf Erden?
Es gibt nur einen Frieden
auf der Welt
und das ist der meinige!

So mag der König Herodes
gedacht haben; und darum
konnte er nicht Weihnachten feiern.

Weihnachtswunsch

Wißt ihr noch,
wie das Christkind
zu uns gekommen ist?

Wißt ihr,
daß es nur deswegen
kommen konnte,
weil wir daran glaubten?

Alles Nachtrauern
wäre vergeblich.
Was wir aus unserem Glauben
verloren haben,
das kann bestenfalls noch
Erinnerung sein.
Wer aber wieder
etwas finden möchte,
an das er glauben kann,
muß ganz klein anfangen!
In der Krippe
zu Bethlehem
lag ein kleinwinziges Kind;
das Christkind;
das Christkind, das zu uns kam,
als wir Kinder waren.

Ich wünsche euch
und mir
nicht nur zu Weihnachten,
daß wieder etwas kommen möge,
an das wir glauben können,
so, wie wir damals
an das Christkind glaubten.